Isaki

Hypnotic Therapy

Maki Masaki

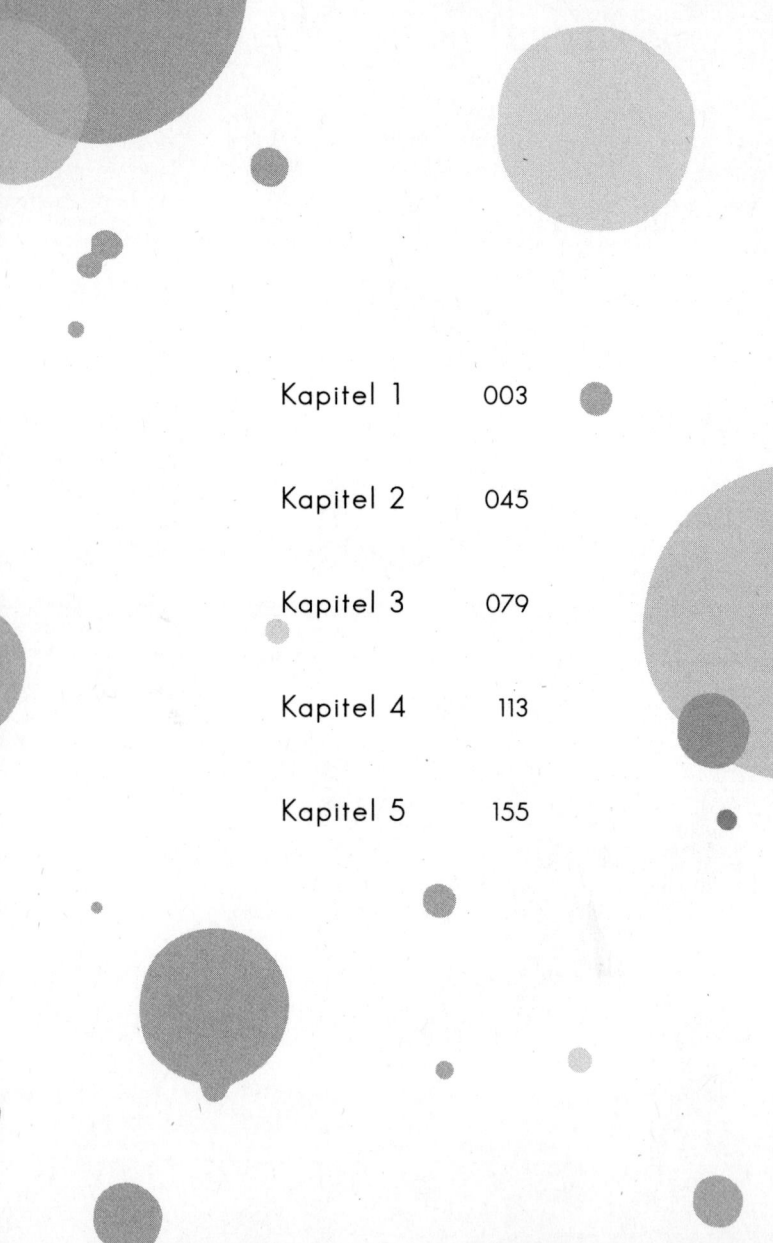

麺屋
Hab ich 'nen Kohl-dampf!
Die Morgen-sonne blendet ...
Ich kauf Alk und dann geh ich nach Hause ...
PLATSCH
DING DONG

Ja?

KATSCHAK

Möchtest du frühstücken?

Guten Morgen!

Morgen!

Ehrlich gesagt, ich hab mich so auf dein Essen gefreut, dass ich mit leerem Magen nach Hause gekommen bin, Sou.

Dieser, durch seine Ausdruckslosigkeit etwas furchteinflößende, heiße Kerl ist mein zwei Jahre jüngerer Nachbar ...

... Sou Isaki. Er ist 20 Jahre alt und Student !...

... behauptet er, jedenfalls.

Ist das so? Dann bin ich mal so frei.

ERNST

Sous Grund dafür:

Ich schulde dir was!

Neuerdings macht er mir täglich was zu essen.

Selbst wenn ich dankend ablehne, bleibt er unbeeindruckt und bringt weiterhin Essen vorbei.

KAPUTT

Dabei hab ich mich nur um ihn gekümmert, als er besoffen vor meiner Wohnung zusammengebrochen ist.

Er ist extrem pflichtbewusst ...

Deswegen werde ich in letzter Zeit ziemlich verwöhnt.

Du bist so nett, Sou ...

Ich denke, jemand wie du ist auch bei Männern beliebt, Ka-zushi.

SCHLEIF
SCHLEIF

Mh ...

Du fängst dir 'ne Er-kältung ein!

TOCK

Ich hab ihm so viel über-flüssiges Zeug er-zählt.

KATSCHAK

Er ist wieder ge-gangen.

Aber Sou übernachtet nicht bei mir ...

... und wir haben auch keinen Sex.

12:00
Alarm

DEPRI ずーーーーーーーん

... ich hätte meine Klappe halten sollen.

O nein ...

KATSCHAK

Sou hat sich so wie immer verhalten.

Dachte er vielleicht, ich rede von jemand anderem?

POFF

Dabei hab ich ihm gesagt, dass ich voll in ihn verliebt bin.

FLAPP FLAPP FLAPP
バタバタバタ

Diese Interpretation käme mir ja gerade recht ...

Aaäh ...!

... ist er hiergeblieben, weil er sich Sorgen gemacht hat, da ich so betrunken war ...

Aber ...

... oder so?

Eine Massage ...

Ich sollte aufhören, mir darüber den Kopf zu zerbrechen.

Heh!

FSST

Ich hab eh nichts zu tun. Warum also nicht mal ausprobieren?

Hypnose Relaxation Salon

Hypno Rose

Ich jobbe hier.

Was machst du denn hier, Sou?!

Nein, Moment!

Also dann, leg dich bitte hin ...

SCHOCK

POCH

ドキ POCH

... massieren lassen!

Ich kann mich unmöglich von Sou ...

POCH ドキ ドキ POCH

Und dann auch noch in diesem peinlichen Aufzug!

POCH ドキ ドキ POCH

ドキ PO POCH

Psychologie. Ich hab Interesse an Hypnosebehandlungen ...

Oh, was studierst du denn?

Nein, ich geh zur Graduiertenschule.

Hypnose ...

Und nächstes Jahr geht's dann auf Jobsuche?

Ich muss Ruhe bewahren! Cool bleiben ...

Ist das hier ein Rotlicht-laden?!

Deswegen musste ich dich zum Kommen bringen, ohne deine Genitalien anzufassen ...

Das hier ist kein Ort, der Sex-Service anbietet.

Sorry, dass ich dich dreckig gemacht hab.

Kazushi ...?

... ich entschuldige mich vielmehr, dass ich es zu weit getrieben hab.

Nein ...

Falls du dich unwohl gefühlt hast, tut's mir leid, Kazushi.

Aber ich weiß nicht, ob ich ab jetzt wieder ganz normal mit dir umgehen kann ...

Es war mir nicht unangenehm. Es hat sich toll angefühlt ...

Warum?

Wah!

Ich bilde mir schnell was drauf ein ...

... und verliebe mich! Das hab ich dir doch erzählt!

Ich bin ein naiver Kerl, der sich unbedacht verliebt, sobald er 'nen Mann findet, der ihm gefällt!

Weil ich mich in dich verknalle, wenn du so erotische Dinge mit dir machst!

Wollen wir dann eine gewisse Resistenz bei dir aufbauen?

Damit dein Arbeits-kollege dich nicht mani-pulieren kann?

Wenn du dich daran gewöhnst an-gefasst zu werden, wirst du entspannter damit umge-hen können.

Wie denn?

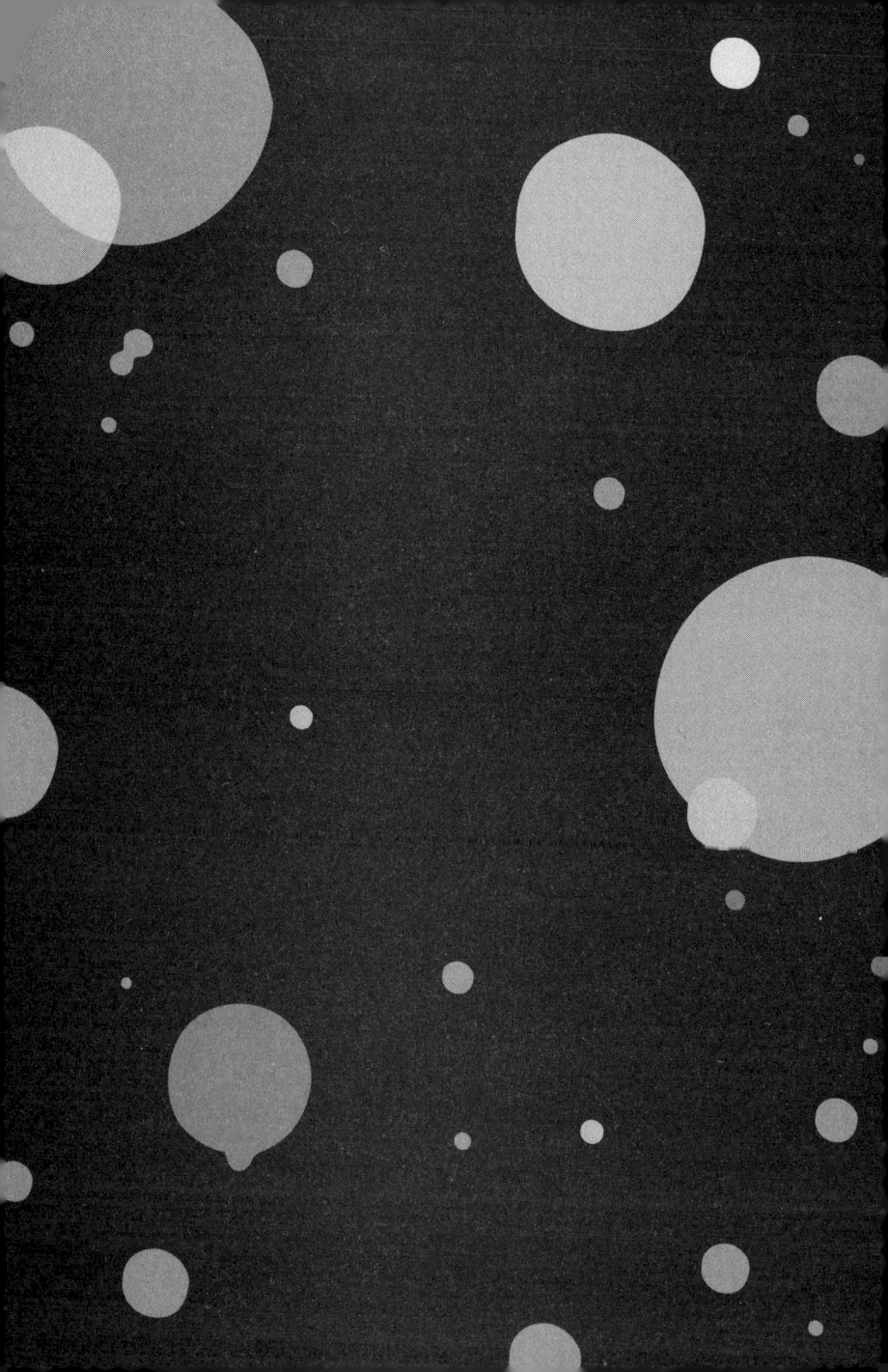

Dein Essen versorgt mich mit guten Nährstoffen und ich erfreue mich bester Gesundheit!

Ist das so?

Wenn man so darüber nachdenkt ...

... strahle ich dank dir von innen und außen, Sou!

... seit wir mit dem Sondertraining angefangen haben, eine Liebesresistenz für mich, der sich schnell verliebt, aufzubauen ...

Sou und die Hypnose-Massagen ...

Oder besser gesagt ...

... ist bereits ein Monat vergangen.

Meine Eltern haben mir Krabben geschickt. Wollen wir heute Nabe* machen?

Dann bereite ich schon mal das Gemüse vor!

Krabben!

Puh ...

Ja, gern.

*Eintopf

Es ist wohl der Effekt der Hypnose während der Massage ...

... aber mein Kopf fühlt sich von Anfang bis Ende ganz leicht an.

Es ist, als würde ich einen angenehmen Traum träumen.

Auch jetzt fühlt es sich noch nicht real an, dass Sou solche unanständigen Dinge mit mir tut.

Alles wirkt wie ein Traumgeschehen.

FSCHA

Danke für den Abwasch!

Uwah!

Dass dieser schweigsame Mann solche Dinge mit meinem Körper ...

So wie Sou normalerweise ist, hätte ich mir so nie bei ihm vorstellen können.

... deswegen gibt er sich bei mir als Mitglied insbesondere auf seiner Arbeit größte Mühe ...

Sou ist so wohlwollend ...

» Wenn du dich ein bisschen in mich verliebst ...«

Wenn das so weitergeht, werde ich mich wirklich noch in ihn verlieben!

?

Bei anderen Mitgliedern wende ich so eine Behandlung nicht an.

Man würde mich feuern ...

Ich freu mich, dass du eine Jahresmitgliedschaft abgeschlossen hast.

Hypno Relaxation Salon

Hypno Rose

Das ist lediglich ein Sondertraining ...

Ich darf mir nichts drauf einbilden!

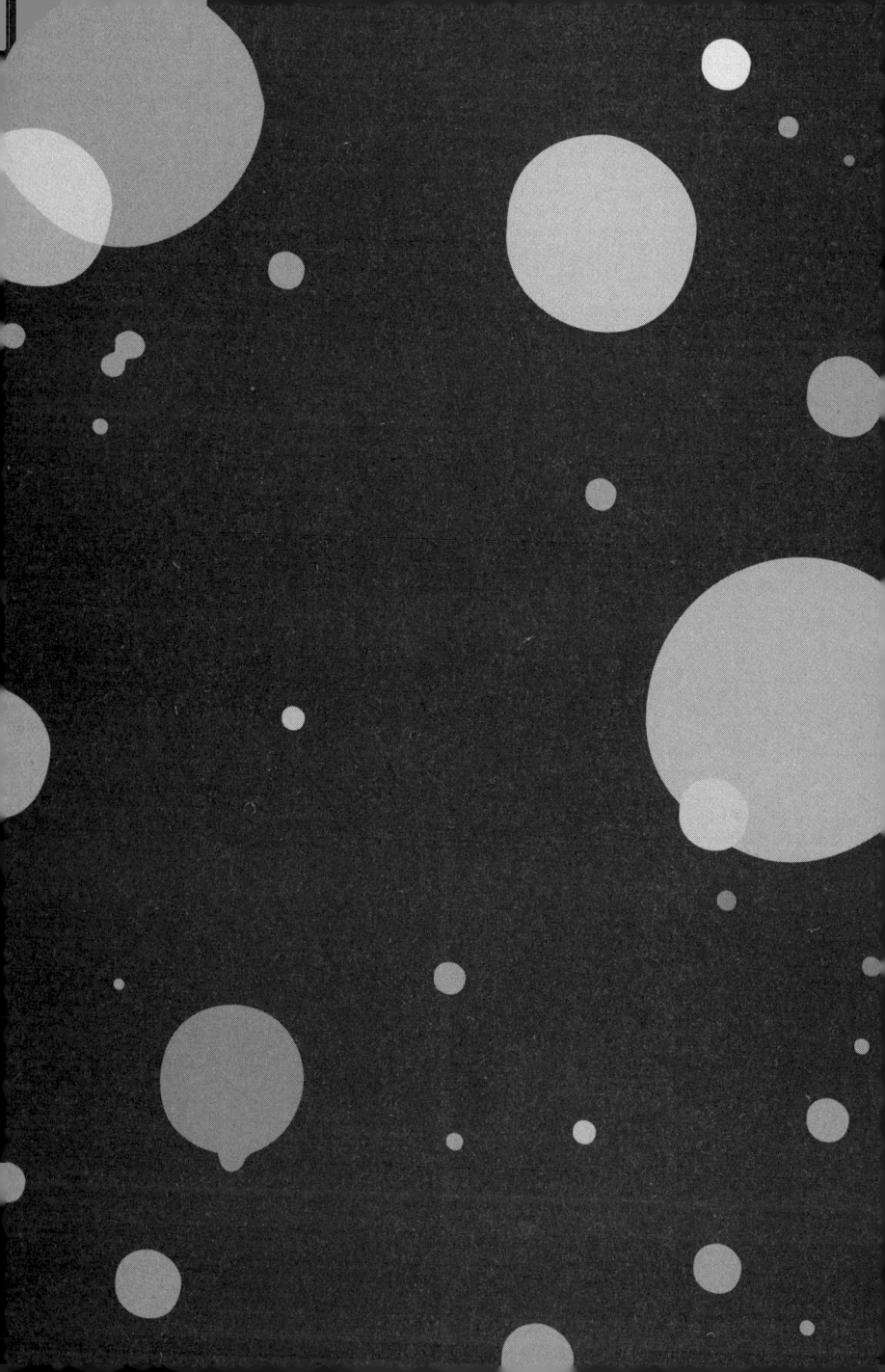

Ich werde mich noch etwas mehr ans Trinken gewöhnen.

Du musst dich nicht extra dazu zwingen.

Kapitel 3

Sou ...

Ich dachte mir, ich lerne die Dinge, die du magst ...

... nach und nach kennen, Kazushi ...

?

SCHÜTTEL

Pure Einbildung!

Das bilde ich mir nur ein!

SCHÜTTEL

Es wirkt fast so, als wäre er in mich verliebt.

Nein! Nein! Nein!

Wir sind zu Hause.

Ja ...

...

Uwaaah ...!

Danke!

Hier, dein Kaffee.

Ich bin das erste Mal in Sous Wohnung.

Das ist irgendwie schön.

Heute ist es kühl, nicht?

Das wärmt auf!

STREICH

Hm?

In unserem Salon bieten wir keine Kopfmassagen an.

Darf ich's trotzdem mal versuchen?

Hypnotisierst du mich?

Wenn du das wünschst ...

Hä?!

Klar, macht mir nichts aus.

Aha ha ha! Ich bin dein Versuchskaninchen, was?

Nichts ...

Mein Kopf ist ganz benebelt.

Haaah!

Mir ist heiß und ich fühle mich so un-beschwert.

FWO?

LECK

Obwohl Sou bei mir ist ...

Die Hypnose ist wie ein Traum ...

... komme ich mir vor, als wäre ich allein in mei-ner kleinen Welt ...

Ah!

ヒラリ？

SCHWINDEL?

RUTSCH
ズルズルズル

Ist alles in Ordnung, Kazushi?

Ja ...

Hah ...

Hah ...!

ZUCK

Die zehn Minuten sind vorbei.

Ich löse die Hypnose auf.

...

Gute Nacht!

Ich ...

... geh nach Hause, ja?

Okay ...

KATSCHAK

Nacht ...

... und ihm einen geblasen ...

ZWITSCHER

ZWITSCHER

ZWITSCHER

Ich hab mich ihm aufgedrängt ...

... In dem Moment ...

... als ich Sous erregtes Glied gesehen hab, wollte ich ihm unbedingt einen blasen ...

... und hatte weder meinen Verstand noch meinen Körper unter Kontrolle.

Bin ich vielleicht ...

... ganz *verdorben?*

...

Wir machen das, um eine Resistenz bei mir aufzubauen ...

... und ich wandle es in etwas Verdorbenes um.

So kann ich Sou, der sich solche Mühe gibt, nicht ins Gesicht schauen ...

Hypno Relaxation Salon

Sou arbeitet nur am Wochenende, oder?

Haben Sie einen speziellen Wunsch?

Ah, so was bieten wir hier nicht an.

Tut mir leid!

Ah, okay ...

Stimmt ja! Ist ja eigentlich ein gewöhnlicher Massagesalon. Ich will sterben!

...

Auf erotische Weise, bitte.

Ich hab mir schon gedacht, dass das Ergebnis so sein würde ...

DEPRI

RASCHEL

RASCHEL

Ich hab das wohl nur bei Sou ...

»Kazushi ...«

ANGETÖRNT

Haaah ...!

Die Massage fühlte sich toll an, auch wenn sie von jemand anderem durchgeführt wurde ...

SINK

... aber als ich unanständig angefasst wurde, war's ein Abtörner ...

Auch im Zustand der Hypnose fühlte mein Kopf sich nicht unbeschwert an ...

TAPP
TAPP

Nein, bist du nicht.

Warte kurz!

Trink Wasser, und wenn du dich übergeben kannst, dann mach das ruhig.

TAPP

TAPP

SCHEL

...

ZACK

Natürliches Mineralwasser

Mineralw

Dir ist also schwindelig geworden, als du nach deinem Schlüssel gesucht hast?

STARR

Schlimm, was?

REIB

REIB

Übelkeit, hinfort mit dir!

...

REIB

*geschmortes Rindfleisch auf Reis.

Hä?!

Essen?

Sou!

Ah! Ich hab mir aber schon Gyudon* gekauft ...

Ehrlich gesagt hab ich mich so auf dein Essen gefreut, dass ich mit leerem Magen nach Hause gekommen bin, Sou.

Warte! Warte!

Als Dank für neulich? Das wäre doch nicht nötig gewesen ...

Wollen wir nicht zusammen essen?

Danke!

Sou!

Sou ...

... ich liebe dich ...

WUSCHEL

Hah ...

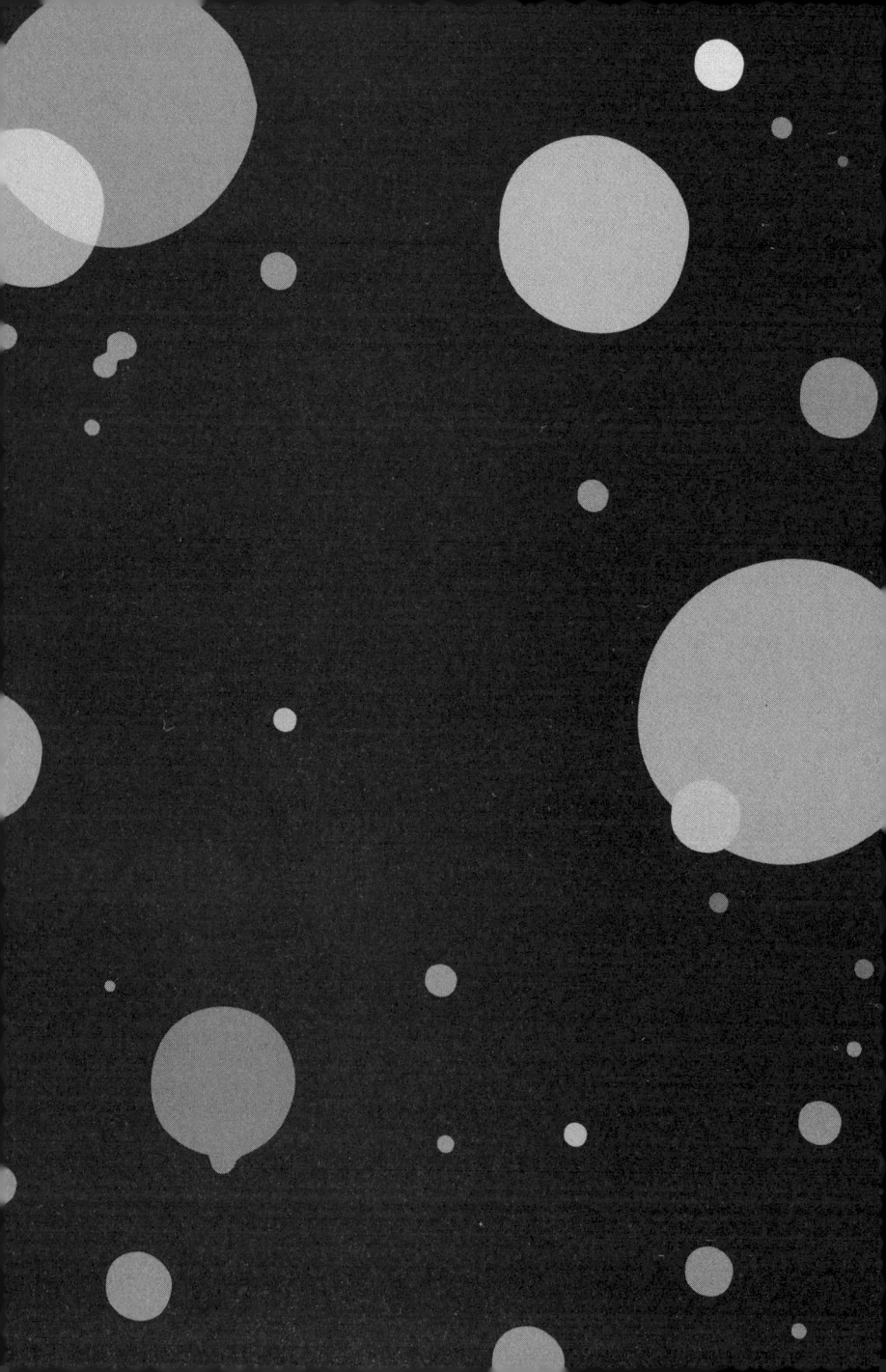

Kapitel 4

BOING

Ich werde ...

... Sou meine Liebe gestehen!

»Ich liebe dich.«

Dass ich ...

... dieses Gefühl ...

... überhaupt zum Ausdruck bringen wollen würde ...

Seit ich das beschlossen hab, ist einige Zeit vergangen.

Ich denk viel zu viel darüber nach und konnte ihm daher nicht gegenübertreten.

Ich hätte nie gedacht, dass mal der Tag kommen wird, an dem ich mir über das passende Timing ...

... für ein Liebesgeständnis den Kopf zerbreche.

DRÜCK

»Falls möglich, fänd ich es schön, wenn du unser Sondertraining nicht als eine Möglichkeit ...

... der Rückkehr ansiehst, sondern als eine Möglichkeit betrachtest, zusammen voranzuschreiten.«

Hach ...

Ich denke ...

Herzlich willkommen!

... wenn ich ihm meine Gefühle aufrichtig gestehe, wird Sou sich bestimmt mit meinen Gefühlen auseinandersetzen.

Deswegen ...

Dass ich so denken kann, hab ich schließlich ihm zu verdanken.

Häh!

Ich wollte dich mal wiedersehen.

Du hast den Namen des Ladens mal im Gespräch fallen lassen. So hab ich dich ausfindig gemacht.

POCH

Was für ein Schock!

Sou, was möchtest du trinken?

Nun, irgendeinen Cocktail von der Tageskarte ...

Okay!

Du trägst ja Ohren ...

Was denn, das ist ein Bekannter von dir, Kazushi?

Hah!

Und riesig!

Ist der cool!

Hat ihm das nichts ausgemacht?
Wie's aussieht ...
... steht er wohl auf Frauen, was?
Kommt wieder vorbei!
Wann ist Sou denn gegangen?
LINS
Das Mädel, das neben ihm saß, ist auch weg ...

Und das Mädchen?

Sie ist allein losgezogen.

Er hat sie also nicht abgeschleppt.

Ich könnte vor Aufregung sterben!

SCHRECK

Am Montag ...

... bist du zur Massage gegangen, richtig?

SEUFZ

Ich bin tatsäch-
lich unfair,
was ...?

Ich wollte
mir die Tat-
sache, dass du
leicht zu ma-
nipulieren bist,
mit der Hyp-
nose zunutze
machen ...

... und
mit Din-
gen wie
gemeinsa-
mem Es-
sen ...

... unse-
re Freund-
schaft ver-
tiefen und
mir dabei
viel Zeit
lassen.

Sou ...

*... verhält
sich irgend-
wie ganz
anders als
sonst ...*

Aber
das Ge-
fühl, dich
besitzen
zu wollen,
wächst
...

*... und
ich habe
nicht mehr
die Ruhe
dafür ...*

Sag mal ...

... vorhin auf meiner Arbeit kam's mir so vor ...

... als hättest du deine Kontaktdaten mit dem Mädel ausgetauscht.

Ja, das war ...

...

Kazushi sieht echt süß aus, oder?

Soll ich's dir schicken?

Ja!

Er hat nur ein Bild von ihr bekommen.

Hä?! Jetzt lässt's mir keine Ruhe!

Nein ...

Da war nichts ...

Wo sol-
len wir
hin?

Ja!

Wollen wir
am Feiertag
nächste Wo-
che irgend-
was unter-
nehmen?

Wenn du
keinen spezi-
ellen Wunsch
hast, überleg
ich mir was
Passendes.

KISS

Kapitel 5

Fh ...!

Fh ...!

SLRP

SLRP

POCH

...!

Uh ... ♥

Fh ...

So, bin dann mal weg ...

Es ist 11 Uhr.

ZACK

Ich mach mich langsam mal auf den Weg.

Ah ...?!

Wie spät ist es?! Sou, du musst doch zur Uni ...

Kazushi ...

Pass auf dich auf!

KATSCHAK

Hah!

Herzlich willkommen!

Leider war der erste Kuss auch der letzte, den wir gesehen haben!

In letzter Zeit haben wir keine Flirtereien mehr zwischen Kazushi und Reon gesehen, nicht wahr?

SCHRECK

Bin ich froh, sein Gesicht auch während der Arbeit sehen zu können!

Ich werde den Alkohol verdünnen ...

Es macht mich überglücklich, dass er mich hin und wieder besuchen kommt ...

Kazu-shi mein-te, es ist ihm pein-lich vor anderen Leuten rumzu-machen.

Nicht?

J... Ja ...

Solltest du es bis zur Pau-se aber nicht mehr aushalten können, sag Bescheid ...!

PACK

O... Okay ...!

LINS

Kyah!

Ah ...!

Wieder wur-de er Zeuge von etwas, das er nicht zu Gesicht bekommen sollte ...!

Sou!

Er war auf Toi-lette.

Huch ...?

Ich hab mich vor Glück mitreißen lassen ...

DRÜCK

Hä ...?

STARR

Sou, unsere Hände!

Unsere Hände!

Bekannte von Sou ...?

SCHRECK

Hat er vergessen, dass wir Händchen halten?!

UMSCHLUNGEN

Bis dann!

In echt ist der auch ein heißer Kerl, was?

Hallo!

Hallo ...

...?

Wollen wir danach in ein Hotel gehen?

Fühlt sich toll an ...

Sou ...

HOTEL

Ah!

Bade-zeit!

Massage!

WROOH

DAMPF

DAMPF

Warum tust du das alles für mich?

Hast du dich entspannen können?

Ich wollte mich mit dir mit freiem Kopf ganz in Ruhe unterhalten.

Wahnsinnig gut!

Hab ich ...

Das freut mich.

Es genügt, wenn du mir zuhörst!

Lehn dich zurück ...

... und schließ die Augen.

... und auch das Sondertraining ...

Dass ich dich dazu gedrängt hab, dem Salon beizutreten ...

... waren alles nur Vorwände, die rein auf Hintergedanken beruhten.

Als ich dich berührte, war deine Reaktion heftiger, als ich erwartet hatte ...

... aber da ich deine Gefühle jetzt kenne, bereitet mir dies keine Sorgen.

Zumindest jetzt nicht ...

MURMEL

Der Vorfall!

Der Vorfall während deiner Arbeit hat mich zwar etwas verletzt ...

Dass du mir deine Gefühle so offen vermittelst, Kazushi ...

... finde ich wahnsinnig beruhigend und macht mich glücklich.

»Ich liebe dich über alles, Sou!«

Selbst-
verständ-
lich ...

SCHAUDER

SCHAUDER

Und du
willst mir
diese Bit-
te dann
wirklich
erfül-
len?

Fh ...

GLITSCH

GLITSCH

PLOPP

Bei
jeder
Berüh-
rung ...

Fh
...

Wenn ich
die Innenseite
deines Mundes
berühre, wächst
dein Verlangen
noch mehr an,
Kazushi ...

FLOPR

Fh
...

GLITSCH

GLITSCH

... schwillt
es weiter
an ...

SCHAUDER

SCHAUDER

BLUSH

Ich hab das Ge- fühl ...

... dann fang ich nur wieder an, dich zu begehren und sag noch peinli- chere Dinge als neulich ...

Daher lieber nicht ...

Ngh ...

Da du heute meine letzte Be- handlung bist, Ka- zushi ...

... werde ich dich zum Abschluss des Tages, sobald wir zu Hause sind, direkt rannehmen.

...!

Ende

Autorenkommentar

*Ich freue mich, wenn
ihr zumindest ein bisschen Spaß
mit diesem Manga hattet.*

Maki Masaki

TOKYOPOP GmbH
Hamburg

TOKYOPOP
3. Auflage, 2023
Deutsche Ausgabe/German Edition
© TOKYOPOP GmbH, Hamburg 2021
Aus dem Japanischen von Iga Marta Handtke

© 2019 Maki Masaki. All rights reserved.
First published in Japan in 2019 by Ichijinsha Inc., Tokyo.
Publication rights for this German edition arranged through
Kodansha Ltd., Tokyo.

Redaktion: Lisa Duty
Lettering: Vibrant Publishing Studio
Herstellung: Mathias Neumeyer
Druck und buchbinderische Verarbeitung:
CPI–Clausen & Bosse GmbH, Leck
Printed in Germany

Wir achten auf die Umwelt.
Dieses Produkt besteht aus FSC®-zertifizierten
und anderen kontrollierten Materialien.

ISBN 978-3-8420-7023-3